国学小读本

京剧知识

董德光　生媛媛　编著

北京日报出版社

图书在版编目（CIP）数据

京剧知识 / 董德光，生媛媛编著. -- 北京：北京
日报出版社，2018.8
（国学小读本）
ISBN 978-7-5477-2986-1

Ⅰ. ①京… Ⅱ. ①董… ②生… Ⅲ. ①京剧－中小学
－课外读物 Ⅳ. ①G634.303

中国版本图书馆CIP数据核字(2018)第105551号

京剧知识

出版发行：	北京日报出版社	
地　　址：	北京市东城区东单三条8-16号东方广场东配楼四层	
邮　　编：	100005	
电　　话：	发行部：	（010）65255876
	总编室：	（010）65252135
印　　刷：	北京卓诚恒信彩色印刷有限公司	
经　　销：	各地新华书店	
版　　次：	2018年8月第1版	
	2018年8月第1次印刷	
开　　本：	889毫米×1194毫米　1/16	
印　　张：	4	
字　　数：	25千字	
定　　价：	25.00元	

编　委　会

责任编辑：　许庆元

助理编辑：　刘保玲

特约编辑：　董金英

美术设计：　吴凌云

西城区中小学地方课程读本编写组

德馨瓷语（北京）文化传播发展有限责任公司

联合编制

序

亲爱的同学们，看京剧、登长城、品烤鸭，这是一个外地人或一个外国人来到北京最向往做的三件事。有一样没做到都是一种遗憾。我曾接待过一个澳大利亚的校长，她第一次来到北京，临走的时候恋恋不舍地说："我此行最大的遗憾就是没有看到京剧。因为那是你们的国粹。"果然，她第二次来北京时，就希望我帮她实现欣赏京剧的愿望。于是，我特意请她观看了京剧。在看的时候，她还学着北京观众的样子，一个劲儿地叫好。她说京剧太美了，比西方的歌剧更吸引她。作为中国人，尤其作为北京人，我看着她叫好的样子，听着她赞许的话语，心中充满自豪。我为自己的祖国拥有如此精美的京剧艺术而骄傲！

的确，京剧有其独特的艺术魅力。它汲取了多种地方戏曲艺术的精华，成为祖国戏曲艺术的高峰，难怪被称为国粹。它更是国学研究的重要内容，是中华优秀传统文化不可或缺的组成部分。作为一个中国人，如果只知道流行歌曲而不知道京剧，那你的文化与艺术素养是有欠缺的；作为一个北京人，如果只知道卡拉OK而不了解京剧艺术，那真的不是"地道"的北京人。

不过，我敢说，许多北京的中小学生登过长城、吃过烤鸭，还真没看过京剧，而且对京剧艺术有所了解的不多，更不要提爱好京剧、会唱京剧了。这是文化传承的缺憾，也是人生成长的缺憾。京剧，不但带给人艺术的享受，更是提升人"修养"的重要手段，特别是对于继承与发扬中华传统美德，深入落实社会主义核心价值观起着积极的促进作用。因为无论是传统京剧，还是现代京剧，都集中反映了中华民族自古形成的仁、义、礼、智、信的传统美德，充分表现了我们中国人几千年来具有的爱国情感、家国情怀、忠义品格、高洁风骨、献身精神、向善追求和仁爱思想。那一个个生

动的故事，那一段段经典演唱，都会潜移默化地影响中国人的思想、情感与品德。

　　我就是一个京剧爱好者。这个爱好从小学到现在坚持了四十年。我不但看京剧，还唱京剧，甚至业余研究京剧。这一爱好不但培养了我高雅的审美情趣，而且令我增长了历史知识，更使我学习了许多做人的道理，启发了我做事的智慧。所以，我希望更多的青少年朋友，特别是北京的中小学生认识京剧，了解京剧，甚至爱上京剧。

　　这册国学小读本《京剧知识》就是同学们走近京剧的好读物。它就像一部京剧知识词典，为青少年打开一扇扇京剧艺术的知识之窗。只要你耐心地慢慢品味，就一定会为祖国具有如此精美、灿烂的艺术瑰宝而骄傲！

　　认识京剧，热爱国粹，让我们做一个真正的中国人，一个自豪的北京人吧！

　　　　　　　　　　　你们的大朋友、京剧爱好者
　　　　　　　　　　　北京小学校长、特级教师
　　　　　　　　　　　李明新

目录

京剧

京剧，是形成于北京的戏曲剧种，是戏曲演剧体系中的374个剧种之一。它和戏曲的关系是"种"与"属"的关系。它曾经有过许多名称，如乱弹、簧调、京簧、京二簧、皮簧（皮黄）、二簧（二黄）、平剧、旧剧、国剧、京戏等。

京剧秉承戏曲演剧文化精神，始终以歌舞作为舞台表演的主要形态，以音乐作为表演的贯穿，以乐器作为伴奏，以简洁而生动的表演方式展现出中国传统文化的精髓，以开放、包容的地域文化内涵及历史传统，兼容并包形成其独特的剧种艺术魅力，是北京乃至中国重要的文化符号与名片。

京剧简史

　　京剧，清道光年间形成于北京（一说形成于光绪年间）。徽调（今徽剧）与秦腔、徽调与汉调（今汉剧）艺术的合流，为京剧的诞生奠定了坚实的基础。道光后期，各戏曲班社由生角担纲主要演员，旦角退居次要地位，改变了自清初至道光以来旦角为主的局面。随着担纲角色（脚色）的变化，演出剧目也由旦角改为以老生为主、以唱功戏为主或以唱做并重的戏，如《文昭关》《法门寺》《草船借箭》《四郎探母》《定军山》《捉放曹》《打渔杀家》等，至今大都还保留在京剧演出剧目中。

　　京剧剧目，不同于一般案头文学剧本，它属于表演文学范畴，既有如《玉堂春》《长坂坡》《群英会》《打金枝》《空城计》《霸王别姬》等传统戏，又有中华人民共和国成立后如《将相和》《赵氏孤儿》《西厢记》《白蛇传》《桃花扇》《穆桂英挂帅》《海瑞罢官》《满江红》等创作、整理改编的戏，还有如《奇袭白虎团》《沙家浜》《红灯记》《智取威虎山》《杜鹃山》等现代戏。

　　从京剧剧目的表现内容而言，它覆盖了中华文明五千多年的历史，表现了中国人民自古以来勤劳、勇敢、智慧、善良的性格品质，以及他们为摆脱被压迫被奴役的命运而进行的各种正义斗争和对自由、幸福生活的向往等。从京剧剧目的表演艺术视角来看，它包含了京剧角色行当、表演技术规格、艺术流派的划分及审美要求。京剧角色包含传统七行：生行、旦行、净行、丑行、杂行、武行、流行，到现在后三行已经不再设立专行，其他四行的划分具有角色系统意义。京剧剧目音乐声腔不仅凝聚了二簧、西皮、吹腔、四平调、拨子等属于皮簧系统的剧目，还有昆腔、南梆子、柳枝腔以及民间小调等腔调系统。京剧剧目舞台美术则集工艺美术与绘画美术，服装、盔帽、化装、道具（砌末）、布景等表现形式于一身。随着社会的进步，声（音响）、光（灯光）、电（视频、计算机编程）、舞台机械等作为艺术媒体技术手段的引入，丰富了京剧剧目的艺术表现形式和张力。

京剧的历史，是围绕艺术本体——舞台表演艺术这一核心发展的历史。

四大徽班

清乾隆年间活跃在北京艺术舞台上，有四个以安徽安庆艺人为主的著名的徽调戏曲班社，即三庆、四喜、和春、春台。它们的艺术风格各有不同，三庆班凭借演整本大戏为人称道；四喜班以演昆曲戏见长；和春班以武戏著称；春台班以儿童演员的表演最为出彩，史称"四大徽班"。三庆班是徽班中历史最悠久的戏班。

徽秦合流

清初，昆腔与京腔是北京艺术舞台最为活跃的戏曲剧种。乾隆年间，借着为乾隆及皇太后祝寿的机会，各种地方戏曲艺术，纷纷进京献艺，百花争艳，北京艺术舞台局面开始发生变化。乾隆四十四年（1779），秦腔演员魏长生从四川来到北京，登上艺术舞台，以《滚楼》一剧的精彩表演轰动京师。乾隆四十七年（1782），官府以表

演有伤风化为名，一度禁止魏长生演出，秦腔自此受到压制。乾隆五十五年（1790）秋，高朗亭在扬州安徽籍盐商江鹤亭的支持下，率领三庆班成为第一个登上北京艺术舞台的徽调戏班。进京后，凭借以唱二簧调为主，昆腔、四平调、吹腔、拨子、罗罗、梆子等腔调并奏，以及剧目内容多样化两大优势，并吸收秦腔的优长融于徽调艺术之中，在最短的时间内适应了北京观众多层次、多方面的需要，很快压倒秦腔。随着其他徽班接踵进京，徽班最终取代秦腔在北京艺术舞台上的地位，从而导致一些演员不得不脱离秦腔班，转投新兴的徽班以谋生计，形成徽调与秦腔合作演出的局面，史称"徽秦合流"。这一局面为京剧的形成奠定了重要基础。

徽汉合流

徽调进京后，在发挥自身诸腔并奏和剧目内容多样化优势的基础上，吸收秦腔的西皮调并移植相关的大量剧目。其兼收并蓄、无所不包的艺术特点，使秦腔难以抗衡，自此，徽调独大于北京艺术舞台，风行一时。道光年间，湖北演员王洪贵、李六、余三胜等进军北京艺术舞台，带来"楚调"（有认为即汉调）之后，迅速在徽班和市场中立足，引起又一场新的变化，促成湖北的西皮调与安徽的二簧调第二次合流，史称"徽汉合流"。

京剧流派

京剧流派主要是指京剧演员表演艺术具有独特艺术风格和个性的派别。京剧流派是在京剧艺术主流形成并发展过程中产生的，既是艺术时代发展的必然产物，也是艺术繁荣昌盛的重要标志。京剧流派源于主流，最终又回归主流，成为推动京剧艺术不断向前发展的重要力量。

在京剧艺术发展史上，京剧流派最初与其他艺术流派相同，往往是以地名或风格冠之。如程长庚代表的"徽派"、余三胜代表的"汉派"（或"鄂派"）、张二奎代表的"京派"。以艺术家个人冠名艺术流派，则是后来的事情。由此也说明京剧艺术是以表演为中心的艺术。

京剧流派创立者，既是京剧艺术的优秀继承者，也是京剧的优秀改革创新家。他们无不是在继承和学习的基础上，结合自身的艺术生理条件、性格爱好和艺术修养，在长期的艺术创作实践中，形成不同的艺术见解，建立自己独特的艺术个性，敏锐地把握艺术发展方向，将艺术的继承、改革创新、适应和引导艺术市场的需求，有机统一于剧目和人物形象的创造之中，最终形成属于自己的艺术潮流及学派。

构成京剧流派的五大要素

1. 有师承且能够结合自身条件博采众长，兼容并蓄，融会贯通，统一于鲜明的新的艺术个性之中。

2. 独特的艺术个性不仅表现在表演方面，而且还表现在音乐、服装等方面，使所演剧目的艺术思想和风格具有系统性、统一性、完整性。

3. 艺术家所具有的独特的艺术个性，既符合观众欣赏要求，又在长期的艺术创作实践中为观众所熟知。

4. 艺术家所具有的独特的艺术个性，获得业内实践与理论从业者的赞许和推赏。

5. 对京剧艺术的发展有影响，并有继承者。

四大须生

　　四大须生是在京剧黄金期活跃在京剧舞台上的四位著名老生表演艺术家，指余叔岩、言菊朋、高庆奎、马连良。业界有"前四大须生"和"后四大须生"之说，此处所指为"前四大须生"。

余叔岩、言菊朋、高庆奎、马连良四位老生表演艺术家

余叔岩（1890—1943）

　　京剧（新）"余派"老生创始人。湖北罗田县人。祖父余三胜，父余紫云。他承家学，工文武老生。向钱金福、王长林学把子、身段，向姚增禄学昆曲，从陈彦衡、名票红豆馆主等学谭（鑫培）派唱腔。后拜谭鑫培为师，习得谭鑫培的艺术精髓，成为谭派主要传人，并逐渐发展出自己的艺术风格，创立了影响深远的"余派"。在表演艺术方面，他嗓子略带沙音，欠洪亮，却清醇甜润，韵味醇厚，被喻为"云遮月"。他揣摩人物深入细致，精于音律，讲究字音声韵，善用唱腔表达人物的思想感情；行腔刚健苍劲，婉转细腻，规矩谨严；做功细腻，身段功架优美，被后学者奉为典范。他戏路宽广，文武兼擅，昆乱不挡。代表剧目有《捉放宿店》《搜孤救孤》

《打鼓骂曹》《打棍出箱》《战太平》《断臂说书》《空城计》等。弟子有杨宝忠、谭富英、王少楼、吴彦衡、孟小冬、李少春等。

言菊朋（1890—1942）

京剧"言派"老生创始人。蒙古族，北京人。祖父世袭清朝武官，原为票友，曾在清政府蒙藏院任职，酷爱谭鑫培艺术，向陈彦衡学"谭派"戏，向红豆馆主、王瑶卿、钱金福、王长林等名家请益。1923年正式参加戏班。20世纪20年代末，由恪守"谭派"开始，结合自己嗓音条件，博采众长，创造新腔，逐渐形成具有独特风格的"言派"艺术。在表演艺术方面，由于他文学修养深厚，尤精音律，对"四声"的运用有深刻的研究，无论唱腔，还是念白，都力求不倒字，形成字准句清、婉转跌宕、精巧细腻、韵味清幽、善于表达人物的愁苦哀怨之情的"言派"艺术风格。代表剧目有《让徐州》《卧龙吊孝》《骂王朗》等。长子言少朋，孙言兴朋，均为老生，继承了他的艺术风格；长女言慧珠为青衣、花旦，是"梅（兰芳）派"传人。弟子有奚啸伯、张少楼等。

高庆奎（1890—1942）

京剧"高派"老生创始人。山西榆次人，生于北京，清末京剧名丑高四保之子。师从贾丽川等人，认真研习贾洪林、刘鸿声、孙菊仙、汪桂芬、谭鑫培及同辈杨小楼、余叔岩等人的艺术，广学各家，博采众长，被戏称为"高杂拌"，30岁始享名。在表演艺术方面，他嗓音高亢，唱做兼长，文武全能，戏路宽广；行腔刚劲挺拔，善于抒发激昂、悲壮的感情；讲究身段做派表演，表情细腻，眼神运用有特色，肃穆之中见潇洒。他既擅演老生剧目"三斩一碰"——《辕门斩子》《斩黄袍》《斩马谡》

《碰碑》等戏，又擅演短打武生《连环套》、红生《华容道》、净行《铡判官》、老旦《钓金龟》等戏，还编演了不少表现爱国思想、民族气节、忠贞不阿的角色的剧目，如《史可法》《哭秦庭》《杨椒山》《越王勾践》《苏秦张仪》《赠绨袍》等戏，成为其代表剧目，因此，获"南有周信芳，北有高庆奎"之美誉。子高盛麟，杨派武生。弟子有白家麟、虞仲衡、李和曾等。

马连良（1901—1966）

京剧"马派"老生创始人，回族，北京人。9岁入喜（富）连成科班，受业于叶春善、蔡荣桂、萧长华等。先习武生，后改老生。出科后向孙菊仙、贾洪林等名家学习，并吸收余（叔岩）派艺术之长，经长期艺术实践，创立京剧"马派"艺术。他对唱腔、乐队伴奏、服装、化装、盔头、髯口等方面均有革新创造之举，为京剧老生艺术的整体发展做出了重要贡献，影响深远。在表演艺术方面，其嗓音清朗，行腔委婉，酣畅俏丽，细腻洒脱；其念白吐字抑扬顿挫，清晰爽朗，若行云流水、珠走玉盘，极富音乐性；其做派气度沉稳，神情举止潇洒飘逸。他无论扮演帝王、朝臣，还是扮演谋士、平民、差吏等不同阶层、年龄的人物，不仅能够在表演上区别彼此之间的不同，同时还能将其艺术风格贯穿其中。其代表剧目有《群英会》《借东风》《甘露寺》《四进士》《苏武牧羊》《海瑞罢官》《赵氏孤儿》等。弟子有李慕良、言少朋、迟金声、马长礼、张学津等。

四大名旦

1927年，北京《顺天时报》发起"征集五大名伶新剧夺魁投票"活动，指定梅兰芳、尚小云、程砚秋、荀慧生、徐碧云五位，徐碧云因故较早离开舞台，于是前四位在观众中被誉为京剧"四大名旦"。

从左至右：程砚秋、尚小云、梅兰芳、荀慧生

梅兰芳（1894—1961）

京剧（新）"梅派"旦角创始人。江苏泰州人，生于北京。9岁由吴菱仙开蒙学唱青衣，后又求教于秦稚芬和胡二庚学花旦。1908年，搭喜（富）连成科班学习演出。他勤奋刻苦，善于学习，广泛观摩本工及其他各行剧目的演出，为日后自身艺术的发展奠定了坚实的基础。他对京剧旦角艺术忠实继承，精心钻研，勇于革新，在唱腔、乐队伴奏、表演和服饰等方面，进行了一系列的创造性的改革创新，推动了京剧旦角艺术的发展，形成独特的艺术风格，世称"梅派"。他率团走出国门，赴日本、美国、苏联演出，扩大了民族演剧艺术的国际影响力，成为为数不多的具有国际影响力的中国民族艺术大师之一。1941年抗日战争时期，他蓄须明志，拒绝为沦陷区的日、伪演出，直至抗战胜利，展现了崇高的民族气节，获国人盛赞。他无论在促进京剧旦角艺术发展，还是推动民族演剧艺术走向世界，以及凝聚中国人的民族精神等方面，都做出了巨大贡献，影响深远。在表演艺术方面，他嗓音高宽清亮、圆润甜脆，行腔从容含蓄，清丽舒畅，醇厚平静，不以花巧、变化奇特取胜；善于自然、和谐地运用京剧表演艺术手段和技巧，刻画与表演人物心理状态和细腻的思想情感，将其雍

容华贵、妩媚典雅、质朴大方、刚柔相济的艺术风格寓于整体艺术之中。代表剧目有《宇宙锋》《贵妃醉酒》《断桥》《奇双会》《霸王别姬》《穆桂英挂帅》等。女儿梅葆玥为京剧老生，儿子梅葆玖为京剧青衣。弟子有程砚秋、李世芳、张君秋、言慧珠、杜近芳等。

尚小云（1900—1976）

京剧"尚派"旦角创始人。河北南宫人。入北京三乐科班（后改名正乐）学艺。初习武生，后改正旦，从孙怡云学戏，以演青衣戏为主。与白牡丹（荀慧生）、芙蓉草（赵桐珊）并称"正乐三杰"。潜心继承，致力革新，卖房办教育。他继承时小福、陈德霖的唱腔，并得到了王瑶卿的帮助。他师法王（瑶卿）派明快大方的京白风格，借鉴杨小楼字清音朗的韵白风格。他充分发挥文武兼备的艺术优势，塑造了众多巾帼英雄、侠女烈妇的艺术形象，自成一家，世称"尚派"。在表演艺术方面，他嗓音宽亮，调门儿高，其耐唱力有"铁嗓钢喉"之誉。善用颤音、立音、顿字，行腔高亢刚健，气力充沛，唱"节节高"的旋律轻松自如，一气呵成，有传统青衣演唱的艺术风范。表演充满激情，强调气势，身段大开大合，节奏明快，以刚为主，刚中有柔，柔中见媚，浑然天成。代表剧目有《祭江》《祭塔》《汉明妃》《梁红玉》《乾坤福寿镜》《双阳公主》等。长子尚长春为京剧武生，次子尚长麟为京剧青衣，三子尚长荣为京剧花脸。弟子众多，有雪艳琴、赵啸澜等。"荣春社"学生350名，有徐荣奎、杨荣环、景荣庆、马长礼等。

程砚秋（1904—1958）

京剧"程派"旦角创始人。满族，生于北京。6岁拜师荣蝶仙练武功，从荣春亮习武生，后从陈桐云学花旦，再从陈啸云学青衣。在其伯乐罗瘿公的帮助下，继续向阎岚秋、乔蕙兰、谢昆泉、张云卿等前辈学习把子和昆曲身段与演唱，拜师梅兰芳，受教于王瑶卿，同时，涉猎文学及绘画、书法等艺术。根据自己的嗓音条件，他在继承各家精华的基础上，本着"守成法而不泥于成法，脱离成法而又不背乎成法"的原则，博采京剧、地方戏及民间音乐等之所长，进行卓有成效的创新与训练，并在不断的艺术实践和创新中，逐步形成"程派"的艺术风格。在表演艺术方面，以擅演悲剧著称。他讲究音韵，注重四声，声腔缜密绵延，幽咽婉转，起伏跌宕，节奏多变，追求"声、情、美、永"的高度结合。他还追求人物性格与唱念做打等技艺表现的高度融合及外柔内刚、形神兼备。既注重符合生活真实，又讲求舞台形式的美。创造"勾、挑、撑、冲、拨、扬、掸、甩、打、抖"10种水袖技法，极大丰富了京剧旦角水袖的表现力。代表剧目有《窦娥冤》《荒山泪》《汾河湾》《锁麟囊》《鸳鸯冢》《青霜剑》《春闺梦》《文姬归汉》《英台抗婚》等。弟子有王吟秋、赵荣琛等。

荀慧生（1900—1968）

京剧"荀派"旦角创始人。河北东光县人。8岁从庞启发学河北梆子花旦，后入三乐（后改正乐）社科班，为"正乐三杰"之一。从薛兰芬、路三宝学习京剧，又拜师吴菱仙、陈德霖、王瑶卿，并向孙怡云、田桂凤、乔惠兰、曹心泉、程继先、李寿山等请益。他功底深厚，戏路宽广，能表演青衣、花衫、花旦、闺门旦、刀马旦各行剧目，在"四大名旦"中也是首屈一指的。在继承传统的基础上，根据自身艺术条件，他汲取梆子及其他戏曲剧种旦角艺术之长，兼收京剧老生、小生、武生等行当技艺，融会贯通，从剧本到声腔，从身段到服饰等各方面进行改革和创新，逐渐形成独树一帜的"荀派"艺术风格。在表演艺术方面，擅长扮演天真、活泼、温柔的这类妇女角

色，具有大众化、生活化的特点。行腔委婉动听，俏丽多姿，随人物变化各有不同，既有喜剧人物的娇憨俏丽，也有悲剧人物的凄楚哀婉，声情并茂，感人至深。念白柔和圆润，口齿伶俐，声声入耳。表演身段变化多姿，在指法、水袖、圆场等方面都有自己的特点，尤其讲求眼神的运用。代表剧目有《红娘》《金玉奴》《霍小玉》《红楼二尤》《杜十娘》等。子荀令香为京剧花旦。弟子有童芷苓、毛世来等。

票友

京剧行业术语。票友与一般爱看京剧的爱好者不同，他们不仅爱看京剧，也喜欢演唱京剧，甚至还粉墨登场参加演出，却不以演戏谋取报酬为生。票友登台演戏，称为票戏。当票友取得一定造诣后，有的便转为职业演员，行话称之为下海，京剧名家孙菊仙、龚云甫、言菊朋、奚啸伯等人都是票友出身。票友是京剧艺术文化中特有的现象，他们对京剧艺术的传播、演员表演技艺的提高，都发挥了重要的作用。

折子戏

京剧演出剧目术语。折子戏是就本戏（或称大戏，像一部电影有一个完整的故事，或像电视连续剧那种不是一天演完的连台本戏）而言的，它是本戏里的一折，或是一出。一般是情节结构紧凑或表演形式具有较强观赏性，能集中而突出体现京剧艺术特征的中小型戏。

轴子戏

京剧演出剧目术语。由折子戏构成的一台演出中,第二个演出的剧目,称为"早轴"。第三个或中间的演出剧目,称为"中轴"。倒数第二个演出剧目,称为"压轴戏",亦称"压台戏"。一般是演出质量最高,表演最精彩,并足以压住全台的演出。最后一个演出剧目,称为"大轴",也称送客戏。一般安排技术性较强的小型武戏,或趣味性浓郁的玩笑戏,观众可以在这轻松的演出氛围中逐渐散去。

京剧表演

　　京剧表演也称为"京剧表演艺术"，既是京剧艺术的一种分类，也是戏曲表演艺术的一种分类。它是一种艺术的社会活动，是京剧舞台艺术的本体；是不同行当的京剧演员在一定的平面区域（舞台）和时间内，以演员的身体作为创造与表现的媒介，有目的、有意识地运用多种手段、按照一定的规定情境和要求，在其他艺术部门人员的配合下，创造并完成具有审美价值的京剧艺术形象；并输出与传递京剧艺术特定的思想、艺术信仰、思维方式和情感意趣等方面的信息，与平面区域外（舞台之下）的观众面对面交流互动的艺术。

　　它作为戏曲表演艺术的分支，与其他戏曲表演艺术在构成的基本要素及核心要素、演员与观众基本关系的特点、艺术的基本特征和演剧观等方面，具有较高的重合度。与其他戏曲表演艺术最显著的区别是：京剧表演形成并兴盛于北京，唱词文本一般用中州韵，而声腔艺术语言是以湖广韵为主，结合安徽和北京地方方言。

京剧表演艺术构成的基本要素

1. 京剧演员——京剧表演及与观众互动的媒介。
2. 观众——京剧表演接收、反馈及与京剧演员互动的媒介。

3. 京剧表演场地——客观环境。

4. 京剧表演过程——时间长度。

京剧表演艺术构成的核心要素

京剧演员与观众。

京剧演员与观众基本关系的特点

1. 互以对方的存在而存在，二者缺一不可。

2. 二者在互动中，能动并作用于对方。

3. 二者的互动，都是以各自文化作为互动、碰撞、交流的基础。

4. 京剧演员在互动中占据主动地位。

5. 二者的互动方式均要受其自身生理水平和社会阅历等方面的影响。

京剧表演艺术的基本特征

京剧秉承戏曲演剧文化精神，就是通过以京剧表演为核心显现出来的。

从京剧表演艺术本质来看，它具有艺术的观演性、情感的表现性、表演的综合性和传情达意的实用功利性四大特征，是由戏曲表演艺术先天的文化基因所决定的。就

京剧表演艺术符号而言，其所具有的虚拟性、意象性、歌舞性、装扮性的特征，则是由戏曲表演艺术的演剧观所决定的。戏曲表演艺术的演剧观，是由中华民族崇尚的艺术信仰、价值观、思维模式等精神力量及文化所决定的。

角色行当

京剧表演术语。是京剧人物角色分类的总称。它是京剧从属于中国戏曲特有表演体制的具体体现。角色行当是戏曲"以类万物之情"创作要求的实践成果和具体体现，是京剧艺术家对亿万不同性格的人们的艺术与技术化的提炼、凝聚和分类。因此，它既是京剧艺术性格与技术规范的分类系统，也是京剧表演训练和艺术创作的重要手段和人物塑造的性格基础。

京剧班社组织旧有"七行七科"之说。七行即生行、旦行（亦称占行）、净行、丑行、杂行、武行、流行。随着京剧艺术及其理论的发展，将京剧角色行当概括为：生、旦、净、丑四大角色行当及符号分类系统。杂行、武行、流行不再特立专行。京剧四大角色行当子系统的行当划分名称，存在同一行当由于划分标准的不同而名称不同的现象。

角色行当构成的基本要素

1. 人物的自然属性：年龄、性别等诸因素。
2. 人物的社会属性：身份、职业、性格、气质等诸因素，这是构成行当的核心。
3. 表演风格的庄谐。

4. 艺术家的美学评价。

5. 表演技术专长。

生

京剧表演主要角色行当及符号分类系统，是净、丑以外男角色的统称。

老生

主要扮演中年以上、性格庄重、沉稳、雍容、潇洒、正直刚毅的正面人物，俊扮，多戴髯口，又称须生。

1. 唱工老生：以唱为主，又有文、武老生之分。文老生又称"安工老生"或"王帽老生"，多扮演比较安静、动作不多的人物。例如，《二进宫》的杨波等。

2. 做工老生：又称"衰派老生"，以表演念白见长，表演特点是念白铿锵，动作洒脱而讲究，表演细腻。例如，《坐楼杀惜》的宋江等。

3. 武老生，多扮演武将，扎靠，且使用刀枪，例如，《定军山》的黄忠等，故又称"靠把老生"。

京剧《徐策跑城》
人物徐策

京剧《空城计》人物诸葛亮

京剧《珠帘寨》人物李克用

17

小生

多扮演英俊风流的人物。唱念大小嗓结合，以小嗓为主。俊扮，一般不挂髯口。

1. 文小生

巾生：又称"扇子生"，多扮演书生，手持扇子，身穿褶子，头戴文生巾（例如，《柳荫记》梁山伯等）或武生巾（例如，《拾玉镯》傅朋等）。

冠（官）生：多扮演做官的，表演既要潇洒有风度，又要带书卷气。例如，《玉堂春》王金龙等。

雉尾生：又称"翎子生"，多扮演王侯将帅之类人物，要文雅中见英武。常用翎子表现人物性格和内心情感。例如，《群英会》周瑜等。

穷生：多扮演穷困落魄的书生，往往衣衫褴褛，带一股穷酸味。例如，《金玉奴》莫稽等。

2. 武小生：多扮演身怀绝技的角色，在戏里常有开打场面。例如，《八大锤》陆文龙等。

京剧《罗成叫关》
人物罗成

京剧《玉堂春》
人物王金龙

京剧《白蛇传》
人物许仙

武生

多扮演生行中以武打为主的青年角色。一般俊扮，不戴髯口。由于剧目来源多样，因此，也可勾脸，戴髯口。

1. 长靠武生：以工架稳重见长，舞蹈性强，重念、做、打。例如，《长坂坡》赵云等。

2. 短打武生：多以武打动作干净利落见长，一般都穿抱衣抱裤等紧身服装。例如，《三岔口》任堂惠等。

3. 勾脸武生：主要扮演的是武生应工角色，但运用花脸勾脸谱的化装方法。例如，《艳阳楼》高登、《铁龙山》姜维、《钟馗嫁妹》钟馗等。

京剧《三岔口》
人物任堂惠

京剧《挑华车》
人物高宠

京剧《群英会》
人物周瑜

红生

主要是以老生应工扮演关羽、赵匡胤等揉红脸或勾红脸的人物，以工架、气势见长。若由花脸扮演关羽则称"红净"。

京剧《古城会》人物关羽

19

娃娃生

专演戏中儿童角色。一般由儿童或女演员扮演。例如，《二堂舍子》沉香等。

京剧《三娘教子》
人物薛倚哥

旦

京剧表演主要角色行当及符号分类系统。由演员扮演各种不同年龄、性格、身份的女性角色，是女角色的统称。

京剧《钓金龟》
人物康氏

京剧《廉锦枫》
人物廉锦枫

京剧《昭君出塞》
人物王昭君

青衣

也称"正旦"，以唱为主。多扮演性格刚烈、举止端庄的贞节烈女和贤妻良母这类人物。例如，《武家坡》王宝钏等。

京剧《武家坡》
人物王宝钏

京剧《小放牛》
人物村姑

花旦

以表演和念白为主。多扮演性格活泼明快、风流美艳、柔媚娇憨、温柔婀娜或泼辣放荡的青年女子。例如，《拾玉镯》孙玉姣等。

花衫

青衣、花旦与刀马旦的结合，唱做并重。表演特点比青衣开放，比花旦有所收敛。例如，《天女散花》天女等。

京剧《天女散花》
人物天女

京剧《小上坟》人物
萧素贞

闺门旦

多扮演青春闺怨少女。例如，《凤还巢》程雪娥等。

刀马旦

重身段工架，造型基调要求寓流动妩媚于刚劲挺拔之中，以气度神情取胜。例如，《女杀四门》刘金定等。

京剧《扈家庄》
人物扈三娘

武旦

多扮演擅长武艺的女性形象。重翻打跌扑，以身手的矫健骁勇取胜。例如，《武松打店》孙二娘等。

老旦

多扮演老年妇女，用大嗓，以唱为主。例如，《杨门女将》佘太君等。

彩旦

丑旦类型之一，多扮演女性中年轻的喜剧或闹剧人物，多由丑行兼演。化装和表演夸张，常常浓妆艳抹，行为乖张。例如，《凤还巢》程雪雁等。

婆子

丑旦类型之一，又称丑婆子、彩婆子、丑婆。多扮演女性中年龄较大的喜剧或闹剧人物，多由丑行兼演。化装和表演夸张，常常浓妆艳抹。例如，《铁弓缘》陈母等。

净

京剧表演主要角色行当及符号分类系统，是生、丑以外男角色的统称。俗称花脸。以面部化装运用各种色彩和图案勾勒脸谱为突出标志，音色宏亮宽阔，演唱风格粗壮浑厚，动作大开大合、顿挫鲜明，表现性格、气质豪迈或粗犷的人物形象。

铜锤花脸

又称"黑头"或"大花脸"，以唱功为主，多为正直、刚强、坦率、勇毅的朝廷重臣。表演要求雄浑凝重，嗓音要求浑厚刚劲、实大声宏。例如，《二进宫》徐延昭、《探阴山》包拯等。

架子花脸

以铿锵的念白和表演工架为主，多为勇猛豪爽、鲁莽诙谐或奸险狡诈、残暴虚伪的人物。例如，《芦花荡》张飞、《群英会》曹操等。

武花脸

以武打、摔打、工架为主。又分武花脸和武二花。武花脸以靠把工架为主，基本没有翻滚跌扑，如：《挑华车》兀术等。武二花以翻打跌扑为主，又称"摔打花脸"。例如，《挑华车》黑风利、《竹林记》余洪等。

毛净

由于身段繁难，看似毛手毛脚而得名，富于舞蹈性和造型美。例如，《钟馗嫁妹》钟馗等。

丑

京剧表演主要角色行当及符号分类系统，是生、净以外男角色的统称。俗称"小花脸"或"三花脸"。面部化装用白粉在鼻梁眼窝间勾勒。丑行主要扮演滑稽、幽默、活泼、乐观、热情、有正义感的人和阴险、狡猾、贪婪卑鄙的小人。

文丑

1. 袍带丑：因身穿蟒袍、腰围玉带得名，多扮帝王将相和普通官员。例如，《小上坟》刘禄景等。
2. 方巾丑：因常戴方巾而得名，多扮儒生、谋士或书吏。例如，《群英会》蒋干等。
3. 褶子丑：因穿褶子而得名，多扮纨绔子弟、花花公子。例如，《野猪林》高衙内等。
4. 茶衣丑：因常穿茶衣腰包得名，多扮普通劳动百姓。例如，《钓金龟》张义等。
5. 老丑：多扮心地善良、性格诙谐的老人。例如，《苏三起解》崇公道等。

武丑

语调清脆流利，动作轻巧敏捷，矫健有力，多扮机警幽默、武艺高超的人物，俗称开口跳。例如，《三岔口》刘利华等。

四功：唱念做打

京剧表演术语。四功既是京剧"歌"与"舞"两大表演要素的四种基本表现形态的分类，也是京剧表演基本技术手段系统的分类，还是表演基本功系统的分类。唱、念是京剧"歌"的两种听觉技术手段表现形式，属于京剧声腔的范畴。做、打是京剧"舞"的两种视觉技术手段表现形式，属于京剧身段形体的范畴。

齐如山指出："国剧的原理，有两句极扼要的话，就是'无声不歌，无动不舞'，凡是有一点声音，就得有歌唱的韵味，凡有一点动作，就得有舞蹈的意义。"[1] 他进一步提出"有声必歌，无动不舞"[2]，并对其内涵作了具有规定性的解释："极简单的声音，也得有歌唱之义"，"极微小的动作，也得有舞之义"[3]。因此，他把戏曲的"歌"分为四级，而"舞"同样也划分为四类。四级歌唱划分如下。

一级歌唱：凡有乐器伴奏的歌唱。

二级歌唱：凡有乐器伴奏或有韵调的歌唱，如念引子、念诗、叫板、念对联、数板等。

三级歌唱：戏中一切话白，都必有歌的意义，因其有腔调、韵味、气势、顿挫、音节等。

四级歌唱：戏中所有由哭、笑、嗔、怒、忧、愁、悔、恨，以至咳嗽而发出的声音，不同于生活真实形态，且具有歌的意义。[4]

---

[1] 齐如山.齐如山回忆录[M].沈阳：辽宁教育出版社，2005：101.
[2] 齐如山.齐如山回忆录[M].沈阳：辽宁教育出版社，2005：101.
[3] 齐如山.齐如山回忆录[M].沈阳：辽宁教育出版社，2005：101.
[4] 齐如山.国剧艺术汇考[M].沈阳：辽宁教育出版社，2010：91—114.

四类舞蹈分别是：

1. 形容音乐之舞。齐如山认为："每一套乐谱，都有它的意义，舞者即把音乐中的意义形容出来，这种舞在周朝极为盛行，孔门中几乎人人能之，到了宋朝就渐渐失传了……近二百年来，梆子腔中，偶尔还有一点这样的意思，如《七星庙》等戏便近似，皮簧中不易见了。"[1]

2. 形容心思之舞。"把自己的心思，或悲或怒或喜或怕等的情形，完全用舞蹈表现出来。如《宁武关》周遇吉上场，见娘前之身段，都是表现愤怒忧愁的意义。《铁笼山》姜维观星之身段，都是形容思量研究当前时局盛衰之意……处处音乐随之，文戏用笛或胡琴，武戏则用锣鼓。"[2]

3. 形容做事之舞。"这种情形，在剧中随时可以看到。但是可以分为两种，一种是零碎的动作，这是时时有之的。"如摊手、弹汗、上楼、下楼、开门、关门、饮酒、吃饭，等等。"一种是成片段的，这种便不常见，大致是武戏中有之。"如起霸、趟马、走边，等等。[3]

4. 形容词句之舞。"刘濂舞义曰：'舞之容，生于辞者也。'古来这种记载很多，此在《周礼》中便可以看出，总之凡舞都有所象，尤其是平常的歌舞，大致是有歌唱之舞，则其舞一定是要形容其词句之义，剧中更是如此。"[4] 例如，《夜奔》（新水令）"按龙泉血泪洒征袍"的表演，就是用舞蹈将词句表现出来，与歌唱、音乐合拍并彼此呼应。

---

[1] 齐如山.国剧艺术汇考 [M].沈阳：辽宁教育出版社，2010：87.
[2] 齐如山.国剧艺术汇考 [M].沈阳：辽宁教育出版社，2010：87-88.
[3] 齐如山.国剧艺术汇考 [M].沈阳：辽宁教育出版社，2010：88-89.
[4] 齐如山.国剧艺术汇考 [M].沈阳：辽宁教育出版社，2010：89.

　　齐如山通过有伴奏和无伴奏区分"无声不歌"的两种听觉技术语言表现形态，但对"无动不舞"两种视觉技术语言表现形态的区别，就不那么明显了。

　　那么，如何理解"做"与"打"呢？

　　"做"，广义是指演员以自己的形体为主要手段，表现不同社会生活内容的艺术语言形态，包含"打"在内。狭义则是指演员用形体表现除争斗与战争等特定社会内容外，日常生活中各种不同社会内容的语言形态。它包括举手投足与眉飞色舞，也包括拂袖、舞绸与迎来送往等等。例如，拱手、苦笑、含羞、低头、扬头、抖袖、翻袖、掏翎、抖翎、甩发、弹髯、望月扇、背云帚、碎步、捻步、兰花指、开关门、上下楼、趟马、行船……

　　"打"，从属于广义的"做"，是演员以自己的形体为主要手段，表现争斗与战争等特定社会内容的特殊艺术语言形态，即"武舞"。广义的"打"，不仅包括各式各样的"把子"，如大刀三见面，也包括各种各样的翻、腾、跌、扑、"档子"、"出手"、"翻爨"[1] 等，还应包括演员形体表演运用的各种兵械的基本造型与姿态，以及拿持各种兵械的单人或群体操练性表演等。例如，戳枪、举枪、抱刀、横刀、提剑、背剑、耍下场、棍操、枪操等。狭义的"打"，则以"打"为核心，表现社会生活中各种各样"打"的内容与场面，小到口角、角斗，大到各种规模的战争，它是指各式各样的打把子（把子功）、武戏基本功与毯子功（翻、腾、跌、扑等）。例如，飞脚、旋子、砍身、扫腿、翻身、小快枪、大快枪、四股档、八股档、虎跳前

---

[1] 爨：读cuàn。意指烧火，煮饭；灶；姓。在戏曲艺术中则指武戏的一种打的形体表演（舞台调度）语言。俗读cuán。它是运用不同道具进行群体武打表演。以大刀为主，称为"大刀爨"；以坛子为主，则称为"坛子爨"，以筋斗为主，称为"翻爨"。一般用于将武戏推向高潮，或为高潮铺垫气氛。因此，爨之意，是指武打像火一般艳丽而炽热、像沸腾之水花此起彼伏。目前，在一般辞书与理论书籍中，常写成"攒"，其意与戏曲艺术表演不符，语义欠周全。

仆、抢背、叠筋、屁股坐子、枪出手、剑出手等。

唱念做打，作为京剧演员传情达意的基本艺术手段，不仅包含着基本的艺术方法，还包含着基本的艺术技能。当冠以"功"时，则指的是京剧演员传情达意艺术手段运用与表现的过程、功效、造诣，以及所呈现出来的能力与结果。简言之，就是京剧演员运用唱念做打四种艺术手段，塑造传神而曼妙的戏曲人物"意象"的表现及持久能力。

五法：手眼身法步

京剧表演术语。五法即属于京剧形体表演艺术范畴的五种技法系统。

手，指不同行当各种手势动作技法。如赞美指，是夸赞的基本手型。生行，大拇指伸直向上，其余四指向手心弯曲似拳型。花脸，大拇指伸直向上，其余四指的指尖与中节向手心弯曲，指间留有缝隙。旦行，食指放于大拇指中间，基本向上，其余三指依次弯曲，与食指顺序拉开呈阶梯状，错落有致。

眼，指不同角色状态及不同行当的眼神技法。如清代黄幡绰在《梨园原》中指出——贵者：威容、正视；富者：欢容、笑眼；贫者：病容、直眼；贱者：冶容、邪视；痴者：呆容、吊眼；疯者：怒容、定眼（疯眼）；病者：倦容、泪眼；醉者：困容、模眼（醉眼）。喜眼又称笑眼，戏中常有的三笑，一般用于生、净、丑男性角色，表示狂喜，旦行则很少用，其用时与男角色的意义截然相反，如《战太平》的孙氏"三笑"是表现装疯的样子。嬉笑眼，常用于花旦与小花脸，如《红娘》的红娘、《乌龙院》的张文远等。羞眼，则主要用于青衣、花衫、花旦、闺门旦与小生行当等。

身，指形体表演造型及运动技法。如身的基本技法有前倾（冲、俯）、后靠（贴、仰）、闪、拧等；再如气质性技法，前辈有"前冲武，后贴文，左肩狂，右肩文"[1]以及"松胸垂骨"的说法；还如程序性技法"未曾动左先动右"等。

法，指手眼身步四者之外，相关的形体表演各种技法。既包括甩发、髯口技法，也包括面部表演及道具使用的技法等。例如，甩发基本技法的垂、挑、绕、叼等；髯口基本技法：捋、弹、甩、搂、抖等；面部表演技法的"笑从眼起，惊从嘴生，愁从眉起，哭从鼻生"和"快者捻须，愤者抱腕，悲者掩泣，羞者色飞"等；道具使用技法："刀使一面刃，剑用两面锋，枪扎一条线，棍扫一大片"和"单刀看手，双刀看肘"，等等。

步，指各种脚法、站法及不同行当脚步（台步）。如脚的基本技法有勾、绷、撇、立等。脚站立静态方位的基本技法有八字步、丁字步、别步（又称塌步）、弓箭步等。依据角色行当、年龄、形貌、情态、事态等方面，脚步的基本技法有老头步、老旦步、丑行矮子步、旦行花梆子步、圆场、醉步等。

唱做念打与手眼身法步合称为"四功五法"，是京剧演员的基本技术修养。

关于"五法"的其他说法：

1. 手、眼、身、发、步。发指甩发的技术，此说认为"法"是"发"的讹传。
2. 口、手、眼、身、步。"口"指发声的口法。

五音四呼

京剧唱念术语。五音，是指与唱念字头（声母）发声相关的五个部位，即唇、

---

[1] 钱宝森，潘侠风.京剧表演艺术杂谈[M].北京：中国戏剧出版社，1959：80.

齿、舌、牙、喉。唱念有"出字千斤重，听者自动容"之说，即指字头发音的着力部位须准确，声音才能较好地发出，唱念才能动人。四呼，是指字腹（韵母）发音时不同的口形。根据韵母发音口形分为开口呼、齐齿呼、撮口呼、合口呼。行腔时须保持一定的口形，达到"腔变音不变"，字音才准确，清晰悦耳。

吐字归韵

　　京剧表演术语。吐字归韵属于唱念范畴，是唱念基本技能。吐字包括字头、字腹、字尾。字头是声母，出字发音之始，也是发音的着力点。字腹即韵母，是字的发音时值最长，是声音最明亮、最丰满的部分，其中包含着声调。字尾是字发音结束的部分，其包括收音和归韵。收音是发音的结束，归韵是指字的收音落点，回归到字本身的韵脚之内。如"张"为江阳辙，字头（声母）为"zh"，字腹（韵母）为"ang"，字尾收音归韵为"ng"。

　　字头着力点的准确性决定着吐字发音的正确性，字腹声调与口形的准确性决定着字音的正确性，字尾归韵的准确性决定着字韵辙口的正确性。从理论分析字音是由三个部分组成，从唱念表演实践而言，三者是不可分割且是有机统一的整体。其中任何一个部分出现错误或模糊不清，都会影响唱念字义的表达，因此，吐字归韵是京剧演员唱念必须掌握的基本技能。

京剧音乐

　　既是京剧艺术分类术语，也是戏曲音乐的一种分类。京剧音乐是由声腔（唱腔与念白）、打击乐、曲牌、管弦乐演奏四部分构成的。京剧唱腔是以板式变化体为主，以曲牌联套体为辅的音乐结构的基本形式。它是剧目展示过程中的一个重要组成部分。离开京剧音乐，京剧表演将无所依归，其表演的音乐性质则无法体现。京剧音乐是一种演剧性的音乐，与非演剧性音乐的区别在于：京剧音乐要为塑造人物形象、抒发情怀，点染气氛、环境、季节，表现戏的情节、矛盾的发展等服务，它有情境和角色行当规定性。

京剧声腔

　　京剧音乐分类术语。齐如山将京剧艺术特点概括为"有声必歌，无动不舞"，并进一步阐释为"有声必歌，极简单的声音，也得有歌唱之义"。[1] 因此，他所指的"歌"包括听觉的两种表现形态：唱与念。同时，这两者也构成京剧声腔的两种基本形态。京剧声腔是京剧音乐的主体，要为塑造人物形象，抒发情怀，表现戏的情节、矛盾的发展服务，它的情境表现是有规定性的。

---

[1] 齐如山.国剧艺术汇考 [M].沈阳：辽宁教育出版社，2010：3.

京剧声腔主要构成要素

1. 演员的声音。

2. 以湖广语言（语音语调）为主，结合安徽和北京地方语言及依字行腔（旋律）构成京剧声腔最基本的特征。

3. 唱腔（腔调）。

4. 行当的演唱方法。

5. 伴奏乐器及演奏手法。

京剧声乐

京剧表演术语。京剧声乐又称"京剧声腔艺术"。唱与念，构成京剧声乐的两大组成部分（西欧歌剧声乐是由唱构成，戏剧的声乐是由念构成），虽然两者表现形式不同，规律却是一致的。

用嗓

京剧用嗓基本分为大嗓、小嗓与大小嗓结合。大嗓古称"阔口"，又名"本嗓"，现称为真声。小嗓古称"细口""小口"，现称为假声。大小嗓结合，现称为真假声结合的唱法。无论大嗓、小嗓或大小嗓结合，其发声均要求发音圆润、纯净、致远。小嗓要求嗓音结实宽亮；大小嗓结合要求音色统一，音区过渡自然。

京剧用嗓、音色及表现方法上是按角色行当划分的（与西欧歌剧中按高、中、低音区划分不同），它们既是艺术家对社会人物生活音调（语音音调和感情音调）的艺术概括，也是中华民族美学情趣在京剧声腔艺术上的反映。京剧角色行当唱法区分大致如下：

老生，用本嗓，以响亮的"膛音"或具有俗称为"云遮月"的音色嗓音为最佳。唱法要求苍劲挺拔，或具有些许朦胧的美感为佳。小生，为大小嗓并用，小嗓宽亮，音色华美，富于朝气。用声乐造型来表现青年人的朝气，这是京剧艺术家对世界声乐艺术的贡献。

旦，青衣、花旦、闺门旦均用小嗓。青衣扮青、中年妇女中的正面人物。要求发音圆润、饱满、明亮，行腔柔婉，但须柔中有刚。花旦于圆润中求甜美、脆亮、明快。闺门旦于圆润中略带娇嫩。老旦，用本嗓，要求具有宽亮的"膛音"，声腔中既要带有老年人的苍劲，又要保持女性柔婉的特色。

净，均用本嗓，阔口膛音。铜锤花脸，要求嗓音洪亮沉雄，有足够的音量，声腔气势雄浑。架子花脸，唱虽然不多，但是声腔中要求夹用"炸音"，以突出人物暴躁和易于激动的性格。

丑，唱极少，全靠念白及做功将人物演活，但念白亦以嗓音清脆悦耳、口齿爽利为佳。

京剧声乐的特征

京剧声乐作为个性化的歌唱艺术，同时也拥有一般歌唱艺术的共性。共性来源于人类在发声机能、发声原理及声乐艺术的基本一致性，个性则是在中华民族语言、民族心理状态，以及表现方法和民族审美情趣等基础上构建的。其特征如下：

1. 唱字。字是表情达意的基础，因此，戏曲声乐要求字音与声音的密切结合，二者不能有所偏离。

①声韵。为使字音清晰，声调爽朗，京剧将字分为字头、字腹、字尾三部分，形成出字、归韵、收声诸种吐字归韵方法。按读音用相应的出字、归韵、收声方法，是

京剧使声音与字音密切结合所必须遵守的法则。

②字调。即字的声调，它们同样具有区别词义的功能。字调是京剧唱念上形成各种不同风格特色的重要一环。正确而熟练地掌握京剧有关字的声、韵、调等的歌唱方法，使之达到艺术自然"口语化"，是京剧唱念达到"字正腔圆"的最根本要求。

2. 唱情。京剧声乐要求演员为角色"立言"，将自然的我与演员、角色三者合一，将技巧与感情融为一体，才能赋予声乐艺术以较强的生命力和感染力。

3. 韵味。韵味是戏曲声乐的最高要求。它是人物思想感情和艺术家的艺术个性高度结合的产物。

京剧演唱

京剧表演术语。京剧演唱俗称唱腔。一般包括发声、吐字、行腔、用气和装饰唱法等，是一种完整的表演手段，其目的还在于表达戏中人物的思想感情。

发声，要求气息畅通，这样声音才能浑厚明亮，因为，气是发声动力之源。吐字，京剧演唱无不强调字正腔圆。字正，就必须掌握四声阴阳，分辨字音的清浊、尖团、五音四呼、吐字归韵等读字要点及演唱时必须遵循的法则。行腔，无论唱腔是繁是简，风格是柔是刚，均讲究吞吐虚实，抑扬顿挫，节奏生动，旋律丰富，这样才能美妙动听。用气，京剧演唱非常重视运气，要求以气托腔。如前所言，气是发声动力之源。气息运用好坏，对音色、音量、力度都会产生影响。因此，演唱者必须在唱腔中精心地安排好气口所在，以便换气，为歌唱提供源源不断的动力。装饰唱法，是京剧行腔中常应用的唱法。它根据人物性格、感情和字音，选择各种不同的装饰腔，运用恰当有利于提高演唱的表现和感染力，但使用过多，过于追求花俏反而伤害音乐形象。

京剧念白

京剧表演术语。念白是京剧构成要素的一种特殊形式。念白具有独特的表现力，它与歌唱各有分工，又互有联系，两者综合运用，相得益彰。从形态上它不同于歌唱，但它是一种要求具有鲜明的节奏感与韵律美感，且富有音乐性的艺术语言。念白与韵文体的唱词不同，是一种散文体的语言，它对音乐性的要求，使人能在听觉上产生美感。京剧念白，是一种经过音乐加工的艺术语言。主要念白形式有：

①京白，是与日常生活中的语言十分接近的舞台语言形式。在节奏和音调上比日常语言夸张，因此，更能体现北京地方语言的语音美。

②韵白，是一种比京白经过更复杂艺术处理，与日常语言的距离较远的舞台语言形式。字音、声调的高低起伏与抑扬顿挫，体现的节奏感和旋律感更强，韵律美更鲜明，也更接近于歌唱。韵白中的音调起伏与唱腔中的旋律起伏几乎完全一致。不同之处在于：音在唱腔旋律中有固定音高，韵白则没有固定音高约束，因此，唱腔的旋律可用乐谱记录，而韵白不能。

③数板，是将自由生活语言纳入固定节奏，具有鲜明节奏感的舞台语言形式。通常以流水板的1／4节奏形式表现。字音的强弱分明，切分节奏的运用是其显著特点。在打击乐伴奏下，数板的语言节奏感更为强烈、鲜明。

④引子，是一种半念半唱的舞台语言形式。念白用韵白；演唱则有相对固定的音高与节奏的旋律，无伴奏，可用曲谱记录，是一种念白与演唱相间的混合体。

念白作为声乐的一个重要组成部分，同样体现着声乐的特征，在发声、吐字及气息要求方面与演唱基本一致，所不同的是，念白没有行腔的固定音高、板眼、旋律的约束及弦乐伴奏依托，相对自由，在字的语音、语调、气息及节奏等方面比演唱变化快。李渔在《闲情偶寄》中指出："唱曲难而易，说白易而难。""盖词曲中之高低、抑扬、缓急、顿挫，皆有一定不移之格。谱载分明，师传严切，习之既惯，自然不出范围。至宾白中之高低、抑扬、缓急、顿挫，则无腔板可按，谱籍可查，止靠曲师口授。"

京剧唱腔

京剧表演术语。唱腔是指京剧声腔中除念白之外的人声歌唱部分，又称"腔调"。广义的京剧唱腔是由二簧、西皮作为主要的腔调，和昆腔、四平调、南梆子、汉调、徽调、高拨子、吹腔、民歌小调等构成的唱腔体系。狭义的京剧唱腔是指一出戏或某一段演唱的腔调。

京剧器乐曲牌

京剧音乐分类术语。京剧场景音乐曲牌的总称。传统京剧往往通过乐队演奏烘托、渲染一些特定场面，诸如喜庆、宴会、发兵、狩猎、升堂、升帐等环境气氛及特定身段表演。这些根据剧情需要而选用的相应传统曲牌，即器乐曲牌。

京剧舞台美术

京剧舞台美术既是京剧艺术分类术语，也是戏曲舞台美术的一种分类。它包括京剧化装、服装、盔头、靴鞋、砌末（近称道具、布景）、灯光等。京剧传统舞台美术，又称"行头"（狭义指服装），它是不包括灯光的。它秉承戏曲演剧观的艺术理念，形成角色穿戴不以严格的朝代、地域和季节划分，而对人物身份、职位、年龄的装扮，在样式、色彩、图案上却有着严格的区分。京剧舞台艺术注重构建以服装系统为核心，以盔头、靴鞋系统为两翼的京剧服饰体系。京剧脸谱是继承戏曲化装传统，创新发展的一种富有装饰性和夸张性的人物造型艺术，被作为京剧艺术的重要象征。它与服装、盔头、靴鞋及髯口等装饰浑然一体，形成了京剧舞台美术装饰性、表现性、意象性、可舞性合一的独特风格。

京剧化装

京剧舞台美术分类术语。京剧化装主要指京剧演员通过面部图案勾勒，从面部呈现角色的基本年龄、性别、性格、气质、表演风格的庄谐及艺术家的美学评价。主要有俊脸和花脸两大类。

京剧服饰

　　京剧舞台美术分类术语。京剧服饰包括服装、盔头、靴鞋等，其主要功能是辅助演员的表演，扩大演员塑造角色的表现力，因此，它具有装饰性、表现性、意象性、可舞性的特点。

　　京剧表演服饰的蟒、靠、褶、帔、官衣、富贵衣、茶衣、盔、冠、巾、帽等，使观者一眼望去，就可以看出并区别角色所归属的阶级、等级、辈分、职业以及行当性格。演员通过服装的变化，增加或延伸身体的体积和表现力，让人感到一种扩张的感觉。从服饰的样式来说，其装饰性能更加突出：可分为"身体"和"外表"两种装饰。"身体的装饰"是指对于身形的修饰，传统京剧表演服装能帮助演员进一步改善先天体态的不足，通过厚底和垫底增高的方式，弥补演员身高的不足，通过宽大的蟒袍遮掩演员过胖的躯体，通过胖袄的使用增加消瘦演员的体态面积，而"外表的装饰"包括衣服以及其他装饰物，帮助演员的身体更接近角色的气质与外形，花脸蟒的盘龙可扩大角色的表现张力，老生蟒的团龙可让角色变得庄重而文雅。通过把演员的肩部、胸部、臀部垫高的方式特型扎扮，改变演员的形体，造成耸肩、凸胸、撅起臀部的特异外形的效果，使演员更接近于判官、钟馗等角色。

　　当然，装饰的目的在于显示穿戴者的价值。既要打上角色的印记，同时，还要打上彰显京剧演员艺术个性的特殊图案标记，吸引观众的视线，狂剧演员在观众心目中的存在感。所以，不管所演角色身份有多低下，只要是主演，其服装质地、图案纹样、用料就要在所有角色当中占突出地位。所以红娘可以穿得比小姐华丽，既突出了主要人物和演员，同时也附加了许多社会对于人物和演员的一些审美判断。

　　除此之外，京剧表演强调情、理、技三者的有机统一，王瑶卿先生曾说，认认人，找找事，琢磨琢磨心理劲儿，找俏头，安玩意儿。其中"安玩意儿"，就是安排

表演技巧，或特殊性的表演处理。京剧表演的"玩意儿"一般有以下几种类型：1. 技巧性的翻、打、扑、跌；2. 技艺性且具有特殊性的表演形体造型、唱念；3. 技术性的道具抛、接、耍、转等方面的展示；4. 围绕服装展开的则是穿（系）、脱（解）、撩、绕、涮、踢、叼、抛、抓、接、褪、舞、变等方面的技法。京剧服饰正是在不断满足表演"玩意儿"需求的过程中日益完善，形成了一个以服装为核心，以盔头、靴鞋为两翼，以传统京剧服装、新编历史剧、现代戏为三驾马车的完整的服饰体系。在这一体系中，最有代表性的无疑是传统京剧服装、盔头和靴鞋。

京剧戏服

京剧表演服饰分类术语。从传统京剧戏服来看，主要指蟒、靠、褶、帔等，虽然名目繁多，但是，重要的基本样式约有20种。然而，依据戏曲演剧观，在角色创造过程进行不同搭配穿戴，以及依照中国"五行"观念构建的戏服颜色系统，如上五色为白（金）、绿（木）、黑（水）、红（火）、黄（土）等，使整个戏服显得变化多端，极富艺术表现力。传统戏服的质料以绸、缎、绉为主，并绣有镶金错银的精美纹饰，有龙、凤、鸟、兽、鱼、虫、花卉、祥云、江水等，不仅有装饰和美化作用，还有表现人物性格特征及身份地位的主要作用。同一内容不同的表现形式，如龙即有团龙、行龙和坐龙的变化，也是中国传统文化在京剧艺术中的具体表现。从戏服的刺绣工艺来看，它包括平金、金夹线、银夹线、绒绣和线绣等区别。因此，戏服是一种独特的舞台工艺美术品。

靠

京剧表演服饰术语。靠属于铠甲类的表演服装，是武将作战戎装，也作官服使用。分男靠、女靠。

硬靠又叫"大靠"。样式：圆领，紧袖，长度一般拖到脚面，靠身分前后两扇（披在肩上），有三尖、护肩、下甲（系于腿部两侧，或称护腿，或称靠腿），绣鱼鳞纹或丁字纹，靠肚略宽，绣虎头或龙纹。在靠背的背后绑着一个皮鞘（又称"背壶"），皮鞘里插着四面三角形的靠旗（扎四面背护旗），旗子上有用各种彩线绣成的龙纹，每面旗子附一条彩带，颜色有白、红、蓝、紫、黑、香色等。女靠与男靠大致相同，但靠肚以下缀有飘带，内衬裙子。女靠比男靠样式多，但颜色没有男靠丰富，一般有粉红、大红、淡湖等色。穿男靠加三尖领，女靠加云肩。

软靠，不背靠旗。一般是老年体弱的武将穿用。

改良靠，常用于新编剧目中的武将角色，传统戏中则用于番将或一般武将。样式与软靠近似，只是腰身既紧又瘦，束腰。纹样有鳞纹、花纹及金属凸片或圆钉形的装饰。

铠

京剧表演服饰术语。铠属于铠甲类的表演服装，又称大铠。男服。作为不参与作战的皇家殿前御林军、随征皇家仪仗队或军中高级统帅护卫军的专用服装，其样式与靠相近，下甲连在铠上，且不背靠旗，以红色为多。

箭衣

京剧表演服饰术语。箭衣属于长袍类的表演服装，又称"箭袖衣"。男服。箭衣

是戏曲舞台上扮演帝王、驸马、高级将领、侠义武士、衙役及兵士的常服。特别是作为动作幅度较大的武将开打时的军用常服。样式：圆领，大襟，瘦袖，袖口装着一块马蹄形的袖盖，长达脚面，其特点是束腰、紧身，人腰部往下，前后都有开岔。箭衣分为龙箭衣、花箭衣、素箭衣三种。龙箭衣和花箭衣的颜色与蟒、靠颜色相差无几，素箭衣常用颜色有蓝、白、黑、紫、灰等。穿箭衣时需系鸾带。穿龙箭、花箭需加三尖领。箭衣也可作扎靠的衬衣使用。

龙箭衣，除皇帝穿用以外，大将、附马也可穿用。绣云龙海水。演清代及番邦官员，常用外罩的天青色褂子上所绣的文禽、武兽的补子来显示等级。此外，大太监没有官位，能穿龙箭衣，但是不能罩补服。

花箭衣，一般的中层人物都可以穿。多绣团花。

素箭衣，一般的公差、衙役、兵士，还有一部分身份较低的人穿用。本色，无花绣。

马褂

京剧表演服饰术语。马褂属于短衣类的表演服装。男服。无论文官武将，还是中军、卫士等都可以穿。马褂既可作为一种行路的外罩服装，也可以作为战斗时穿的服装，一般穿在箭衣之外。样式：圆领，对襟，敞袖。颜色有红、黄、黑等色。分绣花马褂和无绣素马褂两类。

开氅

京剧表演服饰术语。开氅属于长袍类的表演服装。男服。一般作为武将的便服。告老还乡的大臣、山大王、侠客、武士及隐士、仙人、道士等亦穿。样式：

大领，大襟，宽袖（带水袖），长度到脚面，袖裉下有摆。颜色有黄、红、白、绿、黑、紫等。一般不绣花卉，常绣狮子、虎、豹、麒麟、草龙、宝相花及文物博古等纹样。隐士、仙人、道士等人物常穿用有仙鹤纹样的鹤氅，有"羽化登天"之意。

帔

京剧表演服饰术语。帔属于长袍类的表演服装。旧称披风。一般作为皇帝、达官显贵和士绅的常服。样式：对襟、长领子、宽袖、有带水袖的，有不带水袖的。分男帔、女帔。男帔长到脚面，而女帔较短，刚刚过膝，下边衬着裙子。表现新婚及夫妻关系时，男女多穿花色相配的"对帔"，近似当下所说的"情侣装"。颜色有红、黄、紫、蓝、粉红、绿，还有秋香色等。纹样有龙、凤、仙鹤、鹿、花卉、禽鸟、五福（蝠）捧寿等团花。另有观音帔，白色，为观音专用。

褶子

京剧表演服饰术语，褶念作xué。褶子属于长袍类的表演服装。文武、贵贱、男女、老少均可穿用，是戏服中用途最广的便服。分男褶子、女褶子。其中男女褶子又各自包含花褶子、素褶子两大类。

男褶子样式：大领、斜大襟、长到脚面，宽袖带水袖。花褶子一般用于年轻儒雅的人物，达官显贵、士绅等富足阶层的角色；素褶子一般多用于年龄偏大、性格沉稳的平民百姓等社会底层的角色。素褶子还可以作蟒、官衣、开氅、帔、花褶子等的衬衣用。

女褶子样式：立领、对襟、宽袖带水袖、褶子的尺寸较短，下边衬着裙子。花褶子一般用于大家闺秀、官府千金以及大户人家少妇的日常便服。也可套在女帔里面作衬服。素褶子一般用于贫穷人家的女子，对襟的黑色素褶子是年轻女子穿用，称为"青衣"；老旦穿布制素褶子多用青领。

褶子的颜色非常丰富，上、下五色都有。花褶子纹样绣有飞禽、走兽、花卉、昆虫、蝴蝶等团花。素褶子不绣花，颜色大致有红、青、蓝、湖色、秋香色、古铜色等。其中青素褶子又称青道袍，为社会地位较低的平民百姓、书生、相公、家院、仆人等常用的服装。道士、和尚、官员的孝服，犯人的罪服等也都常用青道袍。

富贵衣

京剧表演服饰术语。富贵衣属于长袍类的表演服装，又称"穷衣"。系素褶子派生袍服，用于穷途潦倒的书生。样式：在青褶子的基础上，补缀若干块不规则的杂色绸子，长到脚面。传统的戏曲服装把它看作最吉祥的服装。京剧剧目中有这样一条规律，凡是开始穿此衣的剧中人，结尾时大多或金榜题名，或富贵显达，故称富贵衣。因此，过去演出团体总把这件富贵衣看作吉祥的预兆。

蟒袍

京剧表演服饰术语。蟒袍属于长袍类的表演服装，简称"蟒"，分男蟒、女蟒。

男蟒，是帝、王、将、相在朝贺宴会或办公事的时候所穿的礼服。传统样式是圆领、大襟、长度一般拖到脚面，袖根下有摆，袖子宽阔、肥大，带水袖，配有宽松的腰带。当代设计大多是袖子更宽阔、更肥大，无水袖且是束腰的。就蟒袍的颜色而

言，明黄与杏黄是扮演皇帝、番王、王子以及齐天大圣（孙悟空）的蟒袍专用色，其他角色不得使用；红色蟒较为贵重；穿黑、蓝色蟒者一般性格豪放、粗犷；白、粉红、湖色蟒一般是年轻、俊雅者用；古铜或香色蟒一般为年老者穿用。纹样一般为：上绣云龙，下绣海水江崖。有大龙蟒与团龙蟒之分，文官多穿团龙蟒，造型庄重、文雅、气派；武将或花脸多穿大龙或称散龙蟒，造型活泼、豪放。男蟒加三尖领，多表示武将身份。

女蟒，一般为戏曲舞台上扮演皇后、贵妃、公主、诰命夫人（受皇帝册封的贵妇）及挂帅女将等角色的演员所穿的朝服和公服，有时也当作世宦人家结婚时的礼服。样式与男蟒无大异，只是较短，袖根下无摆，绣龙或绣凤。女蟒加云肩，皆腰围玉带。当代设计大多是无水袖且是束腰的。蟒袍的颜色，以红色为主。纹样多用团凤、散凤和牡丹等，也可龙凤并用。蟒袍下摆绣有海水江崖。女蟒袍有传统老式和新式两种式样。老式女蟒袍，外缘加宽边；新式女蟒袍形同男蟒袍，不加外边缘。色彩要求艳丽、辉煌，体现出人物的雍容华贵。

其中扮演年龄较大的皇太后和地位较高的诰命夫人的演员所穿的女蟒，也称为"老旦蟒"。蟒袍的颜色，多为香色、古铜、明黄、杏黄色。纹样多用团龙图案。扮演番邦或外邦后妃、公主等的朝觐用服，被称为"旗蟒"。样式：立领、大襟，长度一般拖到脚面。纹样多用团龙、团凤和龙凤等图案。

大太监的角色没有官位，可穿蟒，但是不能腰围玉带，一般系绦子。

官衣

京剧表演服饰术语。官衣属于长袍类的表演服装，由蟒袍派生而来。一般作为文职官员穿用的礼服。分男官衣、女官衣。

男官衣，为中级以下文官公服。常用作七品县官、皇榜三甲（新科状元、榜眼、探花）等待命官员的公服和新婚典礼中新郎官的吉服。式样同蟒，但无满身纹绣。胸前和后心绣一块方形的图案，称为"补子"，上绣仙鹤等飞禽纹样。官衣颜色有红、蓝、紫、黑、古铜、香色等。红、紫色品级一般高于其他颜色。黑色品级最低，一般无"补子"的，称为"青素"。 男官衣穿着时腰围玉带。当代设计大多束腰。丑官衣长度比其他行当要短。

女官衣，为老年诰命夫人和女官的公服。样式：较男官衣稍短，长度与丑官衣近似，袖根下无摆。官衣颜色多为酱紫、古铜、香色等。

宫装

京剧表演服饰术语。宫装属于长袍类的表演服装，又称宫衣，或舞衣。女服。宫装由蟒袍派生而来。虽然也属于礼服，但未必一定要在庄严的场合中穿，常用于王妃、公主、贵妇、身份较高的千金小姐及仙女等角色。样式：圆领、对襟、大袖（带水袖），腰际以下缀有五彩飘带数十条，内连衬裙。用时需加云肩。颜色以红色为主。纹样以凤凰、牡丹及其他花草纹样为主要图案。

袄裤

京剧表演服饰术语。袄裤属于短衣类的表演服装。一般用于小户人家女子及丫环使女等青春靓丽、活泼的角色。多用于花旦行当。样式：立领，大襟，小袖。颜色纹样多以鲜艳、活泼的亮色为主。袄裤花色相同。常配白色腰裙、坎肩、饭单，或系绣花汗巾、四喜带等。

44

龙套衣

京剧表演服饰术语。龙套衣属于长袍类的表演服装系龙套专用服装。主要用于代表千军万马或众多官员随从侍卫等角色。样式：立领，对襟，大袖（带水袖），长到脚面，前后开衩，颜色有黄、红、绿、白、蓝等色。纹样绣团龙。一般四个人一组（或一堂）。

京剧盔头

京剧表演服饰分类术语。盔头是传统京剧剧中人所戴各种冠帽的通称。从盔头的制作工艺来说，质地有软硬之分，结构有固定装配的定套与可拆变的活套之分，纹样装饰有花素之分，从方法有实胎与雕镂的方法等。

京剧装扮中的盔头大致分为盔、帽、巾、冠四类。根据角色的身份、年龄、职位等以及审美要求分为多种样式。其式样、色彩和纹饰均不尽相同。京剧角色的头饰，男的除戴头盔者外，还有水发、发髻、蓬头、孩儿发等，女的主要有大头、旗头和古装头三类，均贴片子，无朝代、地域的严格区分。梳大头只从所戴点翠、水钻、银泡首饰（俗称头面）上区别人物的身份、年龄。老旦均勒网子、绸条，只有戴老旦冠和勒发髻之分。

盔

京剧表演服饰分类术语。盔一般为武将所戴，是古代战争时武将用来防护头部的帽子。一般是硬胎，帽子上缀有绒球、珠子等装饰品。盔的种类有：草王盔，多用于非正统的称王称霸者。夫子盔，多用于身份较高的武将如关羽、岳飞等。帅盔，顾名思义为主帅专用。倒缨盔，为武将所戴。八面威，为大将所戴。另外，还有荷叶盔、

狮子盔、虎头盔、蝴蝶盔、扎巾盔等，为男女武将所戴。

冠

京剧表演服饰分类术语。冠一般为帝王、贵族所戴，是比较郑重的礼帽。一般是硬胎。冠的种类有：平天冠，多用于天堂与地狱的统治者，人世间仅有商纣王、秦始皇、隋炀帝等少数帝王使用。皇帝便装时戴九龙冠。年轻的皇子和少年将领戴紫金冠（又称"太子盔"）。皇后、王妃、公主达官贵妇等戴的是凤冠。

巾

京剧表演服饰分类术语。巾一般为穿便装时所戴的便帽。软硬胎都有，以软胎为主。种类主要有：帝巾（又称"皇巾"），多为皇帝生病时戴。相巾，方形软帽，为宰相及达官显贵在家里穿便服时戴的帽子。文生巾，一般是比较清秀、潇洒、儒雅的书生和公子所戴。武生巾，多为身怀武艺者所戴。高方巾，多为家境不太富裕的书生、秀才所用，一般为黑色方形的帽子。学士巾（又称"解元巾"），为潇洒、儒雅的书生或已取得功名的文人所戴。荷叶巾，以丑扮文人用。棒槌巾，一般为纨绔子弟、衙内一类恶少所戴。员外巾，为乡绅、员外、富户所用。八卦巾，为有道法的人所用。扎巾，多为骁勇武士所用。鸭尾巾，多用于中小商人，硬胎鸭尾巾则是某些江湖人物所用，等等。

帽

京剧表演服饰分类术语。帽是京剧盔头中最复杂的系统，其涵盖范围从皇帽至平民草帽，有硬有软，工艺多样，名目繁多。种类主要有：王帽，为皇帝专用。侯帽，为封侯者所戴（掌兵权者，顶端加戟头，称为台顶）。相貂，为宰相专用。汾阳帽

（俗称"文阳"），用于权势显赫的宰辅大臣。扎镫（又称"踏蹬"），属于权势显赫的宰辅大臣武扮。纱帽（俗称乌纱帽），用于各级官员，并通过其贴身背后，左右对称平插一对帽翅（又称"展"）形式的变化，表现官员的职级和所戴者的评价（长方形为忠纱，菱形为奸纱，圆形为丑纱），是帽类系统中最有代表性的。毡帽，为劳动者和衙役所用。鞑帽，为皇帝、大臣微服私访及番邦大将所用。罗帽，多为家院等下层人物及江湖侠客戴用；有软、硬、花、素之分。太监帽，太监专用；大太监一般为金、银色，小太监则为黑色。大板巾（又名"大叶巾"），为旗牌、校尉及龙套所戴。皂隶帽，皂隶专用。鬃帽（又称"蟋蟀罩"），一般为花脸、小花脸扮演的绿林人物戴用。

京剧髯口

京剧表演服饰分类术语。髯口系京剧表演各式假须的统称，又称"口面"。髯口颜色，一般有黑、白、灰（又称"黪"）三种，还有红髯、紫髯、蓝髯、黑红二色髯等。前者用以区别角色的年龄，后者多为彰显人物或神怪的性格暴烈或形貌怪异。髯口的式样很多，其中短髯的式样又比长髯丰富。长的有满、三、扎，短的有一字、二字、四喜、五撮、八字、吊搭、加嘴等。民国时期，随着改良服装、改良盔头的出现，相应地也出现了改良髯口，如三绺、五绺、颏下涛等。粘须则首先创自上海。

三髯

京剧表演服饰分类术语。三髯指三绺长髯系统，简称"三"。有生、丑之分，形制不同。生用于表现文雅、清俊的人物，丑用于表现猥琐或寒酸的文人、小吏。

满髯

京剧表演服饰分类术语。满髯指连腮（不分绺）长髯系统，简称"满"。用于体格壮实的人物，有生、净之分，颜色有黑、白、灰、紫四种。二涛，即较短的满髯，昆曲直称"短满"，用于生行扮演体格壮实的中下级官吏、家院之类人物。一字，是极短的满髯，形如一字，颜色有黑、白、红三种，多用于性格莽撞、不修边幅者及胡子被烧焦后的惨状。王八须，比一字长，比二涛短，主要用于小花脸与二花脸所扮演的愚蠢且滑稽的角色。

扎髯

京剧表演服饰分类术语。扎髯指连腮露嘴髯口系统，简称"扎"。多为大花脸使用。戴扎髯的角色，都要在鬓边插"耳毛子"。扎，在满髯的基础上，即将满髯中间露嘴，下颏吊有一绺长须，悬空摇荡，适于表现性格粗豪、好勇斗狠的人物，颜色有黑、红、黑红二色等。二字髯，是极短的扎髯，下颏吊有一绺短须，表现不修边幅的粗鲁人物，以及不蓄须的僧人。虬髯，以二字髯为基础，其胡须呈浓密卷曲状，表现人物豪放不羁的性格。

八字髯

京剧表演服饰分类术语。多为小花脸使用。八字髯，短须两撇，宛如八字，多用于师爷、江湖术士一类人物。二挑髯，短须两撇向上扬起，宛如倒八字，多用于武艺高强、幽默、机敏的人物。吊搭髯，又称"八字吊搭"，在八字髯的基础上，下颏又吊有一绺短须，悬空摇荡，多用于性格诙谐或品行不端的文人。四喜髯，简称"四喜"。在八字髯的基础上，再加腮边两撮胡须。五撮髯，又称"四喜吊搭"，简称"五撮"。在四喜髯的基础上，加下颏的一绺胡须。"四喜"与"五撮"多用于各种

下层人物，如樵夫、船公、禁卒、老军等。

京剧靴鞋

京剧表演服饰分类术语。指京剧表演中各式靴、鞋的统称。传统靴、鞋主要有以下几种：

厚底

京剧表演服饰术语。主要为生、净所扮演角色穿长袍类服装所用。既显庄重威严，又能为矮身材者增高，衬托气概，所以用途较广。

朝方

京剧表演服饰术语。主要为小花脸扮演官员、文人所用。与厚底靴相同，但底稍薄。

虎头靴

京剧表演服饰术语。主要用于扮演身怀绝技的侠客、武将。靴尖之处装饰有虎头纹。有厚底、薄底之分。

薄底

京剧表演服饰术语。又称"快靴"。与厚底对应。多为穿短衣类武将、侠士、士兵、马童等翻打及男性百姓所用。

登云履

京剧表演服饰术语。多为仙家、道长及达官显贵休闲时穿用。矮腰，底厚，方

口，鞋前端饰以云头。

福字履

京剧表演服饰术语。多为乡绅、员外、富户、老翁、老妇及商人等角色穿用。尖口，鞋面上饰以"福"字。

彩鞋

京剧表演服饰术语。又称"（女）薄底"。女用便鞋。矮腰、薄底，绣有花纹。

旗鞋

京剧表演服饰术语。多为扮演番邦或清代妇女专用。因鞋底呈倒置花盆形，故称"花盆底"。

京剧小知识

生旦净丑

戏服上的团龙与团凤

51

戏曲旦行基本手势

戏曲"云手"流程图

十二星宿脸谱图

扎巾　　　耳毛子　　　扎髯

靠旗

丈八蛇矛枪

靠身

厚底

京剧人物张飞行头介绍

六分脸

　　京剧舞台美术化装术语。自脑门顶至鼻子尖的立柱纹，自眼窝及以下部位均画成一种颜色。与白色脑门颜色构成六与四的比例，故名六分脸。一般用于老年正面人物。黑六分脸多用于壮年。老年角色的立柱纹画到两眼之间为止，同时，耳边要勾画出白鬓。如尉迟恭、黄盖、徐延昭等。

京剧《群英会》人物黄盖的脸谱

素箭衣

　　京剧表演服饰术语。一般用于公差、衙役、兵士等角色，还有一部分身份较低的人穿用。本色，无花绣。

红素箭衣

抱衣抱裤

　　京剧表演服饰术语。抱衣抱裤属于短（打）衣类的表演服装，又称"豹衣豹裤"或"英雄衣"。一般用于侠客、义士、绿林英雄等角色，也用作武将非正式场合或未公开身份时穿的便服。样式：大领、大襟、紧袖。颜色多样，根据年龄和行当，年轻者多穿浅色，年长者和武丑角色行当多深色。有花、素之分。纹样多以兽类、汉瓦等为主。裤子的花色与上衣同。

抱衣抱裤

文生巾

京剧表演服饰术语。又称"公子巾"或"小生巾"，一般是比较清秀、潇洒、儒雅的书生和公子所戴。有花绣，自帽顶至两侧有如意头硬边作为装饰，背后垂有两条飘带。

文生巾

七星额子

京剧表演服饰术语。一般是精通武艺的女将所戴。有两层大绒球，每层七个，因而得名。一般有红、白、黑三种。

七星额子

黑满

黑满

京剧表演服饰术语。指连腮（不分绺）长髯。用于体格壮实的中年人物，有生、净之分。

判帽

王帽

判帽

　　京剧表演服饰术语。主要为钟馗、火判所戴，形似中纱帽，红色。前有如意形装饰并镶有玉块，上有火焰，前有珠子，后有桃形双翅。

王帽

　　京剧表演服饰术语。又称皇帽、唐帽或堂帽。为皇帝所戴。帽形微圆，前低后高，背后有朝天翅一对。黑地饰以龙纹。顶端有红色或黄色大绒球两个，旁缀珠子。左右各挂黄色大穗。

生活·形象·意象演变图